MENTAL MATHS PRACTICE

ages 7–8

Author Margaret Gronow

Illustrator Robin Edmonds

Let's learn at home

ages 7–8

EXERCISE 1a

1. $2 + 1 =$ ☐
2. $3 + 3 =$ ☐
3. $5 + 2 =$ ☐
4. $2 + 4 =$ ☐
5. $3 + 2 =$ ☐
6. $1 + 3 =$ ☐
7. $4 + 3 =$ ☐
8. $2 + 2 =$ ☐
9. $1 + 5 =$ ☐
10. $6 + 2 =$ ☐

EXERCISE 1b

1. $3 + 4 =$ ☐
2. $5 + 1 =$ ☐
3. $4 + 2 =$ ☐
4. $6 + 0 =$ ☐
5. $1 + 7 =$ ☐
6. $1 + 4 =$ ☐
7. $2 + 3 =$ ☐
8. $4 + 5 =$ ☐
9. $2 + 7 =$ ☐
10. $3 + 2 =$ ☐

EXERCISE 2a

1. 5 + 3 =

2. 6 + 1 =

3. 5 + 4 =

4. 7 + 2 =

5. 4 + 4 =

6. 8 + 1 =

7. 6 + 2 =

8. 7 + 1 =

9. 6 + 3 =

10. 2 + 5 =

EXERCISE 2b

1. 3 + 5 =

2. 7 + 0 =

3. 1 + 6 =

4. 2 + 3 =

5. 6 + 2 =

6. 3 + 6 =

7. 4 + 3 =

8. 2 + 6 =

9. 1 + 8 =

10. 5 + 0 =

Exercise 3a

1. $4 + 1 + 2 =$ ☐
2. $3 + 2 + 4 =$ ☐
3. $2 + 4 + 2 =$ ☐
4. $2 + 3 + 4 =$ ☐
5. $2 + 4 + 1 =$ ☐
6. $3 + 2 + 2 =$ ☐
7. $4 + 4 + 1 =$ ☐
8. $3 + 4 + 1 =$ ☐
9. $3 + 3 + 3 =$ ☐
10. $3 + 4 + 3 =$ ☐

Exercise 3b

1. $2 + 5 + 2 =$ ☐
2. $5 + 1 + 2 =$ ☐
3. $3 + 1 + 5 =$ ☐
4. $5 + 1 + 1 =$ ☐
5. $1 + 5 + 4 =$ ☐
6. $1 + 0 + 2 =$ ☐
7. $2 + 0 + 1 =$ ☐
8. $3 + 2 + 0 =$ ☐
9. $0 + 4 + 3 =$ ☐
10. $5 + 0 + 4 =$ ☐

EXERCISE 4a

What comes next?

1. 1 2 3 4 ☐ ☐
2. 4 5 6 ☐ ☐
3. 3 4 5 6 7 ☐ ☐
4. 6 7 8 9 ☐ ☐
5. 9 10 11 12 ☐ ☐

EXERCISE 4b

Write the next two numbers.

1. 5 6 7 ☐ ☐
2. 11 12 13 ☐ ☐
3. 14 15 16 17 ☐ ☐
4. 7 8 9 10 ☐ ☐
5. 18 19 20 21 ☐ ☐

EXERCISE 5a

Write the number before and the number after.

1.	2	3	4	5.		17	
2.		6		6.		10	
3.		15		7.		5	
4.		8		8.		13	

EXERCISE 5b

Write the number before and the number after.

1.		4		5.		7	
2.		11		6.		14	
3.		9		7.		19	
4.		16		8.		22	

EXERCISE 6a

1. 8 + 3 =
2. 7 + 5 =
3. 4 + 9 =
4. 9 + 6 =
5. 8 + 9 =
6. 5 + 6 =
7. 8 + 4 =
8. 3 + 9 =
9. 5 + 7 =
10. 7 + 4 =

EXERCISE 6b

1. 2 + 9 =
2. 8 + 6 =
3. 9 + 8 =
4. 5 + 5 =
5. 4 + 7 =
6. 9 + 4 =
7. 3 + 8 =
8. 9 + 9 =
9. 5 + 8 =
10. 8 + 7 =

EXERCISE 7a

1. 6 + 9 = ☐
2. 7 + 7 = ☐
3. 6 + 4 = ☐
4. 6 + 6 = ☐
5. 9 + 3 = ☐
6. 4 + 8 = ☐
7. 8 + 8 = ☐
8. 5 + 9 = ☐
9. 7 + 6 = ☐
10. 9 + 2 = ☐

Are you getting used to starting with the bigger number?

EXERCISE 7b

1. 9 + 5 = ☐
2. 8 + 2 = ☐
3. 6 + 8 = ☐
4. 1 + 9 = ☐
5. 6 + 7 = ☐
6. 7 + 9 = ☐
7. 8 + 5 = ☐
8. 9 + 7 = ☐
9. 7 + 8 = ☐
10. 6 + 5 = ☐

EXERCISE 8a

+8			+5		
1.	4	12	6.	9	14
2.	9		7.	6	
3.	5		8.	7	
4.	6		9.	5	
5.	7		10.	8	

EXERCISE 8b

+7			+9		
1.	3		6.	9	
2.	9		7.	5	
3.	6		8.	7	
4.	8		9.	4	
5.	4		10.	8	

EXERCISE 9a

1. 5 + [3] = 8
2. 7 + [ ] = 9
3. 2 + [ ] = 5
4. 1 + [ ] = 8
5. 3 + [ ] = 6
6. 5 + [ ] = 9
7. 1 + [ ] = 5
8. 5 + [ ] = 7
9. 6 + [ ] = 9
10. 4 + [ ] = 7
11. 8 + [ ] = 9
12. 2 + [ ] = 6

Look at question 1.
After 5 comes...
6, 7, 8.
You have added
3 more.

EXERCISE 9b

1. 8 + [2] = 10
2. 4 + [ ] = 10
3. 9 + [ ] = 10
4. 6 + [ ] = 10
5. 1 + [ ] = 10
6. 3 + [ ] = 10
7. 0 + [ ] = 10
8. 2 + [ ] = 10
9. 7 + [ ] = 10
10. 5 + [ ] = 10

EXERCISE 10a

1. 7 – 4 =
2. 5 – 5 =
3. 8 – 3 =
4. 9 – 6 =
5. 6 – 0 =
6. 8 – 5 =
7. 6 – 4 =
8. 8 – 7 =
9. 7 – 5 =
10. 6 – 2 =
11. 9 – 4 =
12. 7 – 6 =

EXERCISE 10b

1. 7 – 7 =
2. 6 – 3 =
3. 8 – 4 =
4. 9 – 8 =
5. 6 – 6 =
6. 8 – 2 =
7. 6 – 5 =
8. 8 – 6 =
9. 7 – 2 =
10. 6 – 1 =
11. 9 – 5 =
12. 7 – 3 =

EXERCISE 11a

–3		–5	
1. 8	5	6. 9	4
2. 5		7. 6	
3. 9		8. 7	
4. 6		9. 5	
5. 4		10. 8	

EXERCISE 11b

–2		–4	
1. 6	4	6. 9	5
2. 9		7. 6	
3. 5		8. 4	
4. 7		9. 7	
5. 4		10. 8	

EXERCISE 12a

1. 12 – 8 = ☐
2. 18 – 10 = ☐
3. 11 – 4 = ☐
4. 15 – 8 = ☐
5. 19 – 11 = ☐
6. 17 – 9 = ☐
7. 13 – 6 = ☐
8. 16 – 8 = ☐
9. 20 – 12 = ☐
10. 14 – 7 = ☐

EXERCISE 12b

1. 15 – 7 = ☐
2. 17 – 8 = ☐
3. 20 – 14 = ☐
4. 13 – 9 = ☐
5. 16 – 7 = ☐
6. 19 – 10 = ☐
7. 12 – 7 = ☐
8. 18 – 12 = ☐
9. 11 – 6 = ☐
10. 14 – 5 = ☐

Now I can do... (1)

1. 4 + 3 = ☐
2. 1 + 5 + 4 = ☐
3. 7 8 9 ☐
4. 9 + 8 = ☐
5. 6 + ☐ = 9
6. 7 + ☐ = 10

7. 2 + ☐ = 10
8. 9 – 3 = ☐
9. 6 – 6 = ☐
10. 12 – 7 = ☐
11. 20 – 14 = ☐
12. 17 – 9 = ☐

I scored ☐ out of 12 in this test.

I am:	✓
very pleased	☐
pleased	☐
not very pleased	☐

Answers

Dear Parent/Carer
This is not a teaching book. It is a practice book. While working through this book, your child should be practising mental maths that she or he has already learned how to do, and so should not need much help from you. If your child does get stuck, handy hints are scattered across the practice pages.

The answers to the exercises and review tests are provided in this section. You may like to pull out these middle pages, so your child can only use them after trying each exercise. Keep them safely! Correct the exercises together. This will allow you to celebrate improvement, or to see where your child may be having difficulties.

If you feel you can suggest other ways to do the maths, try not to confuse your child with a method that is too different from the one that she or he has been taught in school.

Fill in the progress chart together, then display the certificate when your child has completed the book. Have fun practising mental maths!

Exercise 1a
1. 3
2. 6
3. 7
4. 6
5. 5
6. 4
7. 7
8. 4
9. 6
10. 8

Exercise 1b
1. 7
2. 6
3. 6
4. 6
5. 8
6. 5
7. 5
8. 9
9. 9
10. 5

Exercise 2a
1. 8
2. 7
3. 9
4. 9
5. 8
6. 9
7. 8
8. 8
9. 9
10. 7

Exercise 2b
1. 8
2. 7
3. 7
4. 5
5. 8
6. 9
7. 7
8. 8
9. 9
10. 5

Exercise 3a
1. 7
2. 9
3. 8
4. 9
5. 7
6. 7
7. 9
8. 8
9. 9
10. 10

Exercise 3b
1. 9
2. 8
3. 9
4. 7
5. 10
6. 3
7. 3
8. 5
9. 7
10. 9

Exercise 4a
1. 5, 6
2. 7, 8
3. 8, 9
4. 10, 11
5. 13, 14

Exercise 4b
1. 8, 9
2. 14, 15
3. 18, 19
4. 11, 12
5. 22, 23

Exercise 5a
1. 2, 4
2. 5, 7
3. 14, 16
4. 7, 9
5. 16, 18
6. 9, 11
7. 4, 6
8. 12, 14

Exercise 5b
1. 3, 5
2. 10, 12
3. 8, 10
4. 15, 17
5. 6, 8
6. 13, 15
7. 18, 20
8. 21, 23

Exercise 6a
1. 11
2. 12
3. 13
4. 15
5. 17
6. 11
7. 12
8. 12
9. 12
10. 11

Exercise 6b
1. 11
2. 14
3. 17
4. 10
5. 11
6. 13
7. 11
8. 18
9. 13
10. 15

Exercise 7a
1. 15
2. 14
3. 10
4. 12
5. 12
6. 12
7. 16
8. 14
9. 13
10. 11

Exercise 7b
1. 14
2. 10
3. 14
4. 10
5. 13
6. 16
7. 13
8. 16
9. 15
10. 11

Exercise 8a
1. 12
2. 17
3. 13
4. 14
5. 15
6. 14
7. 11
8. 12
9. 10
10. 13

Exercise 8b
1. 10
2. 16
3. 13
4. 15
5. 11
6. 18
7. 14
8. 16
9. 13
10. 17

Exercise 9a

1. 3
2. 2
3. 3
4. 7
5. 3
6. 4
7. 4
8. 2
9. 3
10. 3
11. 1
12. 4

Exercise 9b

1. 2
2. 6
3. 1
4. 4
5. 9
6. 7
7. 10
8. 8
9. 3
10. 5

Exercise 10a

1. 3
2. 0
3. 5
4. 3
5. 6
6. 3
7. 2
8. 1
9. 2
10. 4
11. 5
12. 1

Exercise 10b

1. 0
2. 3
3. 4
4. 1
5. 0
6. 6
7. 1
8. 2
9. 5
10. 5
11. 4
12. 4

Exercise 11a

1. 5
2. 2
3. 6
4. 3
5. 1
6. 4
7. 1
8. 2
9. 0
10. 3

Exercise 11b

1. 4
2. 7
3. 3
4. 5
5. 2
6. 5
7. 2
8. 0
9. 3
10. 4

Exercise 12a

1. 4
2. 8
3. 7
4. 7
5. 8
6. 8
7. 7
8. 8
9. 8
10. 7

Exercise 12b

1. 8
2. 9
3. 6
4. 4
5. 9
6. 9
7. 5
8. 6
9. 5
10. 9

Now I can do... (1)

1. 7
2. 10
3. 10, 11
4. 17
5. 3
6. 3
7. 8
8. 6
9. 0
10. 5
11. 6
12. 8

Exercise 13a

1. 14, 18, 21
2. 13, 21, 22
3. 14, 16, 19
4. 13, 15, 18
5. 16, 17, 20

Exercise 13b

1. 18, 16, 13
2. 17, 16, 11
3. 22, 18, 10
4. 25, 13, 12
5. 22, 19, 16

Exercise 14a

1. 20, 21
2. 24, 25
3. 29, 30
4. 38, 39
5. 19, 20
6. 33, 34
7. 41, 42
8. 27, 28
9. 51, 52
10. 40, 41

Exercise 14b

1. 19, 20
2. 30, 33
3. 21, 23
4. 44, 47
5. 34, 37

Exercise 15a

1. 24, 25, 26
2. 30, 31, 32
3. 48, 49, 50
4. 39, 40, 41
5. 52, 53, 54
6. 29, 30, 31

Exercise 15b

1. 6, 5, 4
2. 11, 10, 9
3. 18, 17, 16
4. 21, 20, 19
5. 37, 36, 35
6. 39, 38, 37

Exercise 16a

1. 16
2. 19
3. 18
4. 18
5. 19
6. 14
7. 19
8. 19
9. 18
10. 17
11. 16
12. 17

Exercise 16b

1. 13
2. 13
3. 18
4. 18
5. 19
6. 19
7. 17
8. 17
9. 18
10. 18
11. 17
12. 17

Exercise 17a

1. 15
2. 16
3. 15
4. 18
5. 18
6. 17
7. 19
8. 14
9. 19
10. 17
11. 18
12. 15

Exercise 17b

1. 13
2. 19
3. 17
4. 16
5. 14
6. 17
7. 16
8. 19
9. 18
10. 15
11. 13
12. 17

Exercise 18a

1. 17, 19, 21
2. 18, 27, 34
3. 23, 25, 28
4. 32, 40, 43
5. 36, 38, 41
6. 29, 32, 36

Exercise 18b

1. 26, 20, 19
2. 44, 38, 20
3. 32, 31, 29
4. 48, 46, 43
5. 47, 35, 21
6. 49, 34, 29

Exercise 19a

1. 10
2. 10
3. 10
4. 10
5. 10
6. 10
7. 10
8. 10
9. 10
10. 10

Exercise 19b

1. 2
2. 7
3. 9
4. 1
5. 10
6. 5
7. 3
8. 6
9. 8
10. 4

Exercise 20a

1. 13
2. 16
3. 11
4. 18
5. 14
6. 19
7. 10
8. 15
9. 12
10. 17

Exercise 20b

1. 13
2. 16
3. 19
4. 14
5. 15
6. 17
7. 13
8. 12
9. 18
10. 11

Exercise 21a

1. 15
2. 19
3. 16
4. 11
5. 12
6. 10
7. 12
8. 14
9. 15
10. 17

Exercise 21b

1. 13
2. 15
3. 18
4. 18
5. 11
6. 15
7. 14
8. 17
9. 16
10. 12

Exercise 22a

1. 20, 23
2. 32, 33
3. 30, 31
4. 37, 40
5. 29, 33
6. 39, 40

Exercise 22b

1. 12, 10
2. 21, 20
3. 27, 24
4. 30, 29
5. 40, 35
6. 50, 49

Exercise 23a

1. 10, 12, 14
2. 22, 24, 26
3. 38, 40, 42
4. 60, 62, 64
5. 42, 44, 46
6. 48, 50, 52

Exercise 23b

1. 8
2. 20
3. 14
4. 6
5. 2
6. 18
7. 4
8. 12
9. 16
10. 10

Exercise 24a

1. 3
2. 5
3. 8
4. 10
5. 6
6. 1
7. 2
8. 9
9. 4
10. 7

Exercise 24b

1. 20, 25
2. 45, 50
3. 30, 35
4. 60, 65
5. 40, 45
6. 70, 75

Exercise 25a

1. 15
2. 35
3. 5
4. 50
5. 30
6. 10
7. 25
8. 45
9. 20
10. 40

Exercise 25b

1. 2
2. 7
3. 3
4. 10
5. 4
6. 5
7. 1
8. 8
9. 6
10. 9

Now I can do... (2)

1. 19
2. 31
3. 50
4. 19
5. 10
6. 10
7. 8
8. 15
9. 13
10. 17
11. 7
12. 40

Certificate

This is to certify

____

has successfully completed a
Mental Maths Practice!

EXERCISE 13a

Put the numbers in order, the smallest first.

1.	18 21 14	14	18	21
2.	13 22 21			
3.	19 16 14			
4.	15 18 13			
5.	20 17 16			

EXERCISE 13b

Put the numbers in order, the biggest first.

1.	13 16 18	18	16	13
2.	11 17 16			
3.	18 10 22			
4.	13 12 25			
5.	22 16 19			

EXERCISE 14a

Write the next two numbers.

1.	18	19		
2.	22	23		
3.	27	28		
4.	36	37		
5.	17	18		

1.	31	32		
2.	39	40		
3.	25	26		
4.	49	50		
5.	38	39		

EXERCISE 14b

Write the missing numbers.

1.	15	16	17	18		
2.	29		31	32		34
3.	18	19	20		22	
4.	43		45	46		48
5.	32	33		35	36	

EXERCISE 15a

Write the next three numbers.

1.	21	22	23			
2.	27	28	29			
3.	45	46	47			
4.	36	37	38			
5.	49	50	51			
6.	26	27	28			

EXERCISE 15b

Now count backwards!

1.	9	8	7			
2.	14	13	12			
3.	21	20	19			
4.	24	23	22			
5.	40	39	38			
6.	42	41	40			

EXERCISE 16a

1. 12 + 4 = ☐

2. 14 + 5 = ☐

3. 11 + 7 = ☐

4. 15 + 3 = ☐

5. 17 + 2 = ☐

6. 13 + 1 = ☐

7. 18 + 1 = ☐

8. 11 + 8 = ☐

9. 16 + 2 = ☐

10. 12 + 5 = ☐

11. 13 + 3 = ☐

12. 16 + 1 = ☐

EXERCISE 16b

1. 11 + 2 = ☐
   2 + 11 = ☐

2. 14 + 4 = ☐
   4 + 14 = ☐

3. 17 + 2 = ☐
   2 + 17 = ☐

4. 15 + 2 = ☐
   2 + 15 = ☐

5. 12 + 6 = ☐
   6 + 12 = ☐

6. 16 + 1 = ☐
   1 + 16 = ☐

Exercise 17a

1. 3 + 12 =
2. 15 + 1 =
3. 4 + 11 =
4. 5 + 13 =
5. 14 + 4 =
6. 11 + 6 =
7. 6 + 13 =
8. 3 + 11 =
9. 15 + 4 =
10. 16 + 1 =
11. 6 + 12 =
12. 1 + 14 =

Exercise 17b

1. 11 + 2 =
2. 7 + 12 =
3. 2 + 15 =
4. 5 + 11 =
5. 12 + 2 =
6. 13 + 4 =
7. 2 + 14 =
8. 3 + 16 =
9. 17 + 1 =
10. 13 + 2 =
11. 1 + 12 =
12. 14 + 3 =

EXERCISE 18a

Put the numbers in order, the smallest first.

1.	17 21 19				
2.	34 18 27				
3.	25 28 23				
4.	32 43 40				
5.	38 36 41				
6.	36 32 29				

EXERCISE 18b

Put the numbers in order, the biggest first.

1.	19 26 20				
2.	20 38 44				
3.	31 32 29				
4.	48 43 46				
5.	21 35 47				
6.	49 29 34				

EXERCISE 19a

1. $6 + 4 =$ ☐
2. $8 + 2 =$ ☐
3. $1 + 9 =$ ☐
4. $7 + 3 =$ ☐
5. $2 + 8 =$ ☐
6. $5 + 5 =$ ☐
7. $9 + 1 =$ ☐
8. $3 + 7 =$ ☐
9. $0 + 10 =$ ☐
10. $4 + 6 =$ ☐

EXERCISE 19b

1. $10 - 8 =$ ☐
2. $10 - 3 =$ ☐
3. $10 - 1 =$ ☐
4. $10 - 9 =$ ☐
5. $10 - 0 =$ ☐
6. $10 - 5 =$ ☐
7. $10 - 7 =$ ☐
8. $10 - 4 =$ ☐
9. $10 - 2 =$ ☐
10. $10 - 6 =$ ☐

Exercise 20a

1. 10 + 3 = ☐
2. 10 + 6 = ☐
3. 10 + 1 = ☐
4. 10 + 8 = ☐
5. 10 + 4 = ☐
6. 10 + 9 = ☐
7. 10 + 0 = ☐
8. 10 + 5 = ☐
9. 10 + 2 = ☐
10. 10 + 7 = ☐

Look at the units figure in the answers. What do you see?

Exercise 20b

1. 5 + 5 + 3 = ☐
2. 7 + 3 + 6 = ☐
3. 4 + 6 + 9 = ☐
4. 9 + 1 + 4 = ☐
5. 2 + 8 + 5 = ☐
6. 1 + 9 + 7 = ☐
7. 8 + 2 + 3 = ☐
8. 5 + 5 + 2 = ☐
9. 3 + 7 + 8 = ☐
10. 6 + 4 + 1 = ☐

Exercise 21a

1. $2 + 8 + 5 =$ ☐
2. $9 + 5 + 5 =$ ☐
3. $6 + 9 + 1 =$ ☐
4. $1 + 7 + 3 =$ ☐
5. $2 + 4 + 6 =$ ☐
6. $5 + 0 + 5 =$ ☐
7. $1 + 2 + 9 =$ ☐
8. $3 + 4 + 7 =$ ☐
9. $6 + 5 + 4 =$ ☐
10. $8 + 7 + 2 =$ ☐

Exercise 21b

1. $4 + 6 + 3 =$ ☐
2. $5 + 3 + 7 =$ ☐
3. $1 + 8 + 9 =$ ☐
4. $5 + 5 + 8 =$ ☐
5. $1 + 8 + 2 =$ ☐
6. $9 + 5 + 1 =$ ☐
7. $4 + 5 + 5 =$ ☐
8. $7 + 6 + 4 =$ ☐
9. $2 + 6 + 8 =$ ☐
10. $7 + 3 + 2 =$ ☐

EXERCISE 22a

Find the missing numbers.

1. 18 19 ☐ 21 22 ☐
2. 31 ☐ ☐ 34 35
3. 27 28 29 ☐ ☐ 32
4. 35 36 ☐ 38 39 ☐
5. ☐ 30 31 32 ☐ 34
6. 38 ☐ ☐ 41 42 43

EXERCISE 22b

Find the missing numbers again – but backwards!

1. 15 14 13 ☐ 11 ☐ 9
2. 22 ☐ ☐ 19 18 17
3. 29 28 ☐ 26 25 ☐
4. 34 33 32 31 ☐ ☐
5. ☐ 39 38 37 36 ☐
6. 51 ☐ ☐ 48 47 46

EXERCISE 23a

Count on in 2s.

1.	2 4 6 8			
2.	16 18 20			
3.	32 34 36			
4.	54 56 58			
5.	36 38 40			
6.	42 44 46			

EXERCISE 23b

Double it! (×2)

1.	4	8
2.	10	
3.	7	
4.	3	
5.	1	

1.	9	
2.	2	
3.	6	
4.	8	
5.	5	

EXERCISE 24a

How many 2s make…?

1.	3	$\times 2 = 6$	
2.		$\times 2 = 10$	
3.		$\times 2 = 16$	
4.		$\times 2 = 20$	
5.		$\times 2 = 12$	

1.		$\times 2 = 2$
2.		$\times 2 = 4$
3.		$\times 2 = 18$
4.		$\times 2 = 8$
5.		$\times 2 = 14$

EXERCISE 24b

Count on in 5s.

1.	5	10	15		
2.	30	35	40		
3.	15	20	25		
4.	45	50	55		
5.	25	30	35		
6.	55	60	65		

EXERCISE 25a

×5

1.	3	15	6.	2	
2.	7		7.	5	
3.	1		8.	9	
4.	10		9.	4	
5.	6		10.	8	

EXERCISE 25b

How many 5s make…?

1.	2	× 5 = 10	1.		× 5 = 25
2.		× 5 = 35	2.		× 5 = 5
3.		× 5 = 15	3.		× 5 = 40
4.		× 5 = 50	4.		× 5 = 30
5.		× 5 = 20	5.		× 5 = 45

Now I can do... (2)

1. ☐ 20 21 22
2. 34 33 32 ☐
3. 49 ☐ 51 52 53
4. 2 + 17 = ☐
5. 9 + 1 = ☐
6. 3 + 7 = ☐
7. 10 – 2 = ☐
8. 10 + 5 = ☐
9. 4 + 6 + 3 = ☐
10. 7 + 1 + 9 = ☐
11. ☐ × 2 = 14
12. 8 × 5 = ☐

I scored ☐ out of 12 in this test.

I am:	✓
very pleased	☐
pleased	☐
not very pleased	☐